HAÏKUS
DE MES CINQ SAISONS

DE LA MÊME AUTEURE

Poésie

Les plaquebières, Mortemart, Rougerie, 1980.

La rose épervière, Mortemart, Rougerie, 1983.

Les étoiles d'eau, Mortemart, Rougerie, 1987. Publié en Australie sous le titre *Les étoiles d'eau/Stars in the water*, Sydney, Robyn Ianssen Productions, 2001.

Mes Amérindes, Régina, Éditions Louis-Riel, 1987. Publié en France, Mortemart, Rougerie, 1988.

La cosse blanche du temps, Mortemart, Rougerie, 1992.

À l'ombre des flamboyants, Charlieu, La Bartavelle éditeur, 1998.

Haïkus de mes cinq saisons, Ottawa, Éditions David, 2001.

Brocéliande à coeur de neige, suivi de *Mon herbier sauvage*, Ottawa, Éditions David, 2002.

Un cri végétal, Mortemart, Rougerie, 2002.

Romans, récits

Keranna, Régina, Éditions Louis-Riel, «Collection fransaskoise», 1985.

Mon Père à L'Edelweiss, Régina, Éditions Louis-Riel, 1987.

Madeleine de Roybon d'Alonne, La Dame de Katarakoui, Vanier, Éditions L'Interligne, coll. «Paysages», 1998.

Moi Ève Sophie Marie, Ottawa, Le Nordir, 1999.

Les crocodiles dans les champs de soja, Ottawa, Éditions L'Interligne, coll. «Vertiges», 2000.

Le violeur à la fleur d'artichaut, Ottawa, Éditions L'Interligne, coll. «Vertiges», 2002.

Évelyne Voldeng

Haïkus
de mes cinq saisons

HAÏKUS

David

Les Éditions David remercient le Conseil des Arts du Canada, le Secteur franco-ontarien du Conseil des arts de l'Ontario et la Ville d'Ottawa. En outre, nous reconnaissons l'aide financière du gouvernement du Canada par l'entremise du Fonds du livre du Canada pour nos activités d'édition.

Catalogage avant publication de Bibliothèque et Archives Canada

Voldeng, Evelyne, 1943-
Haïkus de mes cinq saisons / Évelyne Voldeng.

(Collection 14/18)
Poèmes.
ISBN 978-2-89597-166-5

I. Titre. II. Collection : 14/18

PS8593.O43H34 2011 C841'.54 C2010-907972-8

Les Éditions David
335-B, rue Cumberland
Ottawa (Ontario) K1N 7J3
www.editionsdavid.com

Téléphone : 613-830-3336
Télécopieur : 613-830-2819
info@editionsdavid.com

Dépôt légal (Québec et Ottawa), 1er trimestre 2011

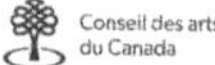

Avant-propos

Qui que nous soyons, nous avons tous éprouvé, un jour ou l'autre, un réel plaisir, voire un certain besoin, à lire et à relire tel ou tel poème, parfois même à écrire quelques vers, ou à souhaiter en écrire, pour déclarer un premier amour, exprimer nos peines, nos joies, nos rêves. Court poème d'inspiration japonaise, le haïku a la particularité de tenir sur trois lignes seulement. Pour ce qu'il dit et par sa façon de le dire, il suscite depuis une quinzaine d'années de plus en plus d'intérêt chez un large public.

Le haïku dit une réalité de la vie, un moment du quotidien souvent lié aux saisons de l'année. Le haïku n'explique pas, ne porte pas de jugement : il fait voir la réalité perçue, ce moment privilégié. Pas étonnant alors que le poète utilise davantage un style, souvent nominal, lui permettant de photographier en quelques mots la réalité présente et de rendre celle-ci, par la magie de la poésie, encore plus présente, plus réelle.

Poétesse amoureuse de la nature, Évelyne Voldeng a trouvé dans le haïku la forme idéale pour saisir et faire voir tous ces instants vécus. Tous les jours, elle puisait son inspiration dans le moindre bruissement du vent, le jeu du soleil, le mouvement des feuilles et des fleurs, la présence de l'oiseau, la beauté et le mystère du passage des saisons.

Évelyne Voldeng évoque ces fragiles instants du quotidien avec sensibilité, avec beaucoup de tendresse, parfois avec tristesse, dans une langue soignée, poétique et toujours soucieuse de trouver le mot juste, comme si la réalité perçue et décrite exigeait une telle attention, une telle présence.

On ne peut donc pas lire ses haïkus à la hâte et s'empresser de terminer la lecture du recueil. Ce serait un exercice futile, car le haïku exige réflexion, silence. Tout en privilégiant la nature, cette forme de poésie parle peut-être davantage de notre regard sur celle-ci, sur la fuite du temps. Pour celle et celui qui savent regarder et écouter, qui savent recevoir et réfléchir, le haïku est un compagnon de route extraordinaire.

Souhaitons que le recueil d'Évelyne Voldeng, *Haïkus de mes cinq saisons*, devienne cet ami qu'on veut revoir tous les jours, avec qui on prend plaisir à échanger, et qui, simplement, sans le rechercher, nous montre la fragilité et les beautés de la vie, celles de notre quotidien.

Yvon Malette

À mes amis japonais

Le printemps

la ronce nouvelle
flamme verte au sarment
un nid de printemps

le sanglot des sèves
à l'entaille des arbres
c'est le temps des sucres

herbe du printemps
le cœur usé reverdit
le corps se dessèche

un pommier en fleurs
soleil blanc veiné de gris
reflet du matin

yeux verts amarrés
au bout d'une herbe folle
le printemps est là

soleil abricot
sur des bourgeons de tendresse
réveil amoureux

dans les fougères
le bouton violet éclôt
orchis flamboyant

paroles d'oiseaux
sur un cèdre vert tendre
l'hiver agonise

éclairs de crocus
entre des roses de fer
jardin de printemps

comme un regard neuf
le jour de mai s'étale
parmi les muguets

des gouttes de pluie
hirondelles effrayées
cognent à la vitre

esquif de bois mort
la tortue d'eau navigue
au fil du courant

ses seins sauvages
sous leur blouse de printemps
vol d'oiseaux lourds

une larme rouge
sur les fleurs de nénuphar
le chant de la nuit

flamme de printemps
le vieux loup au poil ras
mange la chair rouge

au crépuscule
le serpent de la noirceur
chevauche le vent

fleur d'aubépine
au cœur de l'ikebana
pensée stylisée

les poissons séchés
fragrance sauvagine
marché de Tokyo

banquet raffiné
un éclair de baguettes
du bœuf de Kobe

mes bains de foule
au pays des huit îles
métro de Tokyo

le printemps fait fondre
des paroles de glace
gelées sur les feuilles

jardin botanique
un oiseau sur mon collier
de coquillages

l'aube s'arrache
des griffes de la nuit bleue
mon cœur s'éveille

L’été

le mûrissement
de mes rêves fébriles
l'été prend tige

le papillon bleu
au cœur du volubilis
essaime le temps

le chant des cigales
enveloppe la forêt
l'été stridule

chenille barbue
à l'ombelle du sureau
mue de papillon

une grenouille
étrange chant de hautbois
dans les iris d'eau

une cataire
la plante des décombres
rendez-vous des chats

la voix du monde
se détache des branches
l’été transpire

épingles du jour
qui crucifient le matin
le soleil s’endort

le soleil est descendu
des collines de lavande
la lune éclôt

les doigts du ciel
aux veines bleuies d'orages
sur l'herbe roussie

langue satanée
des herbes du pré-matin
magie de l'été

les boutons rouges
éclosent en feuilles vertes
et ma robe déteint

ciel ennuagé
grandes méduses blanches
sur les champs de blé

bigorneaux du ciel
sur un chapeau de béton
les pigeons des villes

le Saint-Bernard dort
un ronflement paisible
sous le mélèze

les poches pleines
de rêves luxuriants
je cueille des mûres

les oiseaux moqueurs
mangent les framboises
au goût de soleil

le grillon des temps
chante au cœur du vieil arbre
l'été retrouvé

les fleurs de cactus
percent la nuit sauvage
de leurs cierges blancs

marée de souliers
le Bouddha d'émeraude
sourit au lotus

marchés de Bangkok
l'œil ébloui d'orchidées
et de fruits trop mûrs

la fleur de misère
croît au pied des palais blancs
les chiens l'arrosent

le soleil se fane
à l'ombre des alisiers
la fleur se ferme

les coquelicots
dans la houle des blés mûrs
sommeil des héros

un papillon bleu
butine l'ortie blanche
et le chèvrefeuille

chevauchée à cru
parmi les herbes marines
les roseaux chantent

palmes de goémon
sur les brisants de la côte
nids de bigorneaux

un chant de cigale
mon cœur bat sa solitude
au rythme du soir

un genêt en fleurs
où tremble un moucheron
l'âme d'un guerrier

ruisseau du couchant
où ondulent l'anguille
et les songes bleus

L'automne

l'automne arrive
une épervière des prés
à la boutonnière

l'oiseau migrateur
s'est envolé de sa cime
l'érable rougit

étoile du soir
la cosse du jour se ferme
au soleil des loups

un soleil pâle
et de mauves chrysanthèmes
lui encombrent l'âme

c'est la mue des geais
il a pris la plume bleue
et la porte au chapeau

les oiseaux goulus
ont mangé les baies sauvages
l'herbe a bleui

les grands tournesols
marionnettes du soleil
regardent le couchant

le pois sauvage
s'enlace à la gerbe d'or
entrelacs d'amour

j'ai cueilli du houx
à l'automne de ses yeux
je m'y suis piquée

deux chats et un poète
regardent tomber les feuilles
dans le bois mouillé

la lune d'Halloween
au vitrail de la nuit
sourit aux lutins

le vent agite
les fleurs mauves des asters
l'automne frissonne

les eaux de septembre
ont noyé les nénuphars
de la rivière

dans notre sillage
les feuilles de blé d'Inde
chantent dans le vent

une pluie battante
les lourds pieds d'alouette
embrassent le sol

l'automne valse
sur les fougères roussies
et les ronces bleues

un érable saigne
dans ma forêt d'octobre
un ancien vivant

au clair de la lune
une pomme rouge danse
dans un arbre sans feuilles

sous-bois de septembre
les champignons sauvages
sont à la fête

le vent d'automne
sur un chêne couronné
de raisins sauvages

à la barre du jour
l'aube ranime les braises
d'un frileux novembre

dans l'automne roux
le raisin blanc des étoiles
enivre la terre

jour de la Toussaint
les tombes s'illuminent
l'autre monde s'ouvre

L'hiver

une grande entaille
cochée à l'arbre de vie
un long hiver blanc

étoiles d'hiver
les fleurs de glace brillent
dans la poudrerie

le bourgeon lance
en son cristal de glace
son ultime cri

dans le désert blanc
le cerf mange le blé d'Inde
à l'épi gelé

soleil englouti
dans une neige violette
une heure mauve

un grand rire blanc
secoue ses grappes de neige
à travers le bois

corne de lune
sur de la neige stérile
le nid est vide

l'enfer en hiver
une contrée sans printemps
aux fleurs sans odeur

fils lourds de givre
embuscade de l'araignée
sur l'herbe à coton

réveil en hiver
une pâquerette blanche
à fleur de paupière

un oiseau d'hiver
ébouriffe ses plumes
sur l'ombre du toit

un poisson géant
et des serpents de corail
dans ma nuit glacée

La saison imaginaire

l'odeur du pain chaud
vient de réveiller le cortège
des rêves de l'aube

ferment de nuit
dans un jour pourrissant
les mots se taisent

le temps bourgeonne
dans l'arbre du grand Bouddha
illumination

jeux de lucioles
dans le souffle de la nuit
la lumière vole

la soie chiffonnée du cœur
par les doigts du vent
une tache rouge

tableau en noir et blanc
du gémissement du vent
à la cime des grands pins

pivoines de neige
ensorceleuses du cœur
pour une mort blanche

regard du vieillard
oiseau blessé par le jour
et les songes creux

mon collier d'ambre
je porte un fossile
sédiment du temps

tournant les pages
de ses rêves érotiques
il attend le jour

un sortilège
dans la paume de la nuit
les mouches à feu

parfois retentit
la plainte du végétal
dans l'étau de glace

l'aube s'arrache
des griffes de la nuit bleue
mon cœur s'éveille

le vent se taille
une écharpe de brume
le ciel se déchire

des gouttes de pluie
petits oiseaux effrayés
cognent à la vitre

réveil du matin
vie neuve sous les paupières
jeu d'idéogrammes

le thuya est mort
le pic doré le mitraille
en quête d'insectes

une fleur d'humus
à la racine du temps
un mot dans ma main

une herbe à coton
coupée par le rat musqué
descend la rivière

près de l'arbre mort
je ramasse des morilles
champignons de luxe

un insecte rouge
se pose sur le grand lys
et mange la fleur

sous-bois de violettes
dans la plaie vive du temps
fleurs mauves carnées

un petit nuage
comme une hermine blanche
sur manteau bleu ciel

la capucine
salade douce-amère
sur un plat d'été

une araignée jaune
monte à l'assaut du ciel
sur un fil ténu

cancer dans le bois
bouleaux et pins sylvestres
en sursis de mort

la grande ville
le pâle soleil enfoui
dans un gratte-ciel

la lune blanche
sur l'écorce du monde
les morts tressaillent

À propos de l'auteure

Évelyne Voldeng est née en 1943, en Bretagne. Elle étudie en littérature anglaise à l'Université d'Aix-en-Provence avant de traverser l'Atlantique pour venir s'établir à Ottawa, en 1968. Elle est chargée de cours à l'Université Carleton tout en poursuivant des études au doctorat, cette fois, en littérature française. Elle obtient son diplôme en 1976 et devient professeure à temps plein au Département de français de l'Université Carleton.

Outre de nombreux articles et essais sur la littérature féminine en particulier, Évelyne Voldeng s'est fait connaître surtout comme poète et romancière. Elle a publié une dizaine de recueils de poésie et autant de récits ou romans.

Le 1er juillet 2002, elle s'est noyée dans la rivière aux Outardes, sur la Côte-Nord du Québec. Pour lui rendre hommage, les Éditions David, en coédition avec deux maisons d'édition franco-ontarienne, Le Nordir et L'Interligne, ont publié en 2004, sous la direction de Francine Chicoine, *Évelyne Voldeng. Sourcière de mots*, un collectif témoignant de la richesse de son œuvre.

Le présent recueil, *Haïkus de mes cinq saisons*, d'abord paru en 2001, a connu un vif succès. Il est réédité ici dans une collection qui s'adresse, avant tout, aux jeunes. L'enseignante que fut Évelyne Voldeng en serait très honorée.

Table des matières

DANS LA MÊME COLLECTION

Ainsi parle le Saigneur
Polar de Claude Forand

On fait quoi avec le cadavre ?
Nouvelles de Claude Forand

Étienne Brûlé. Le fils de Champlain [Tome 1]
Étienne Brûlé. Le fils des Hurons [Tome 2]
Roman historique (trilogie)
de Jean-Claude Larocque et Denis Sauvé

La première guerre de Toronto
Roman historique de Daniel Marchildon

Haïkus de mes cinq saisons
Recueil de haïkus d'Évelyne Voldeng

Maquette et mise en pages :
Anne-Marie Berthiaume

Dépôt légal, 1er trimestre 2011
ISBN 978-2-89597-166-5

www.ingramcontent.com/pod-product-compliance
Ingram Content Group UK Ltd.
Pitfield, Milton Keynes, MK11 3LW, UK
UKHW021126260726
13994UKWH00001B/4